Judith Pohler

Rassendiskriminierung am Beispiel Barack Obamas

Welche Rolle spielte der Rasse-Faktor in der Präsidentschaftswahl 2008 für die weißen amerikanischen Wähler?

GRIN Verlag

Bibliografische Information der Deutschen Nationalbibliothek:

Die Deutsche Bibliothek verzeichnet diese Publikation in der Deutschen National-
bibliografie; detaillierte bibliografische Daten sind im Internet über http://dnb.d-
nb.de/ abrufbar.

Impressum:

Copyright © 2012 GRIN Verlag GmbH
Druck und Bindung: Books on Demand GmbH, Norderstedt Germany
ISBN: 978-3-656-34977-8

GRIN - Your knowledge has value

Der GRIN Verlag publiziert seit 1998 wissenschaftliche Arbeiten von Studenten, Hochschullehrern und anderen Akademikern als eBook und gedrucktes Buch. Die Verlagswebsite www.grin.com ist die ideale Plattform zur Veröffentlichung von Hausarbeiten, Abschlussarbeiten, wissenschaftlichen Aufsätzen, Dissertationen und Fachbüchern.

Besuchen Sie uns im Internet:

http://www.grin.com/

http://www.facebook.com/grincom

http://www.twitter.com/grin_com

SEMINAR FÜR POLITISCHE WISSENSCHAFT
DER UNIVERSITÄT ZU KÖLN

Rassendiskriminierung am Beispiel Barack Obamas:
Welche Rolle spielte der Rasse-Faktor in der Präsidentschaftswahl 2008 für die weißen amerikanischen Wähler?

Hausarbeit zum Seminar:
„Das politische System der USA"
Sommersemester 2012

Vorgelegt von:

Judith Pohler
Bachelorstudiengang Volkswirtschaftslehre

Köln, den 25.09.2012

INHALTSVERZEICHNIS

ABBILDUNGSVERZEICHNIS

1. Einleitung

Barack Obama wurde am 04. November 2008 mit insgesamt 53% aller Stimmen zum ersten farbigen Präsidenten der Vereinigten Staaten von Amerika gewählt. Er setzte sich damit nicht nur erfolgreich gegen den Kandidaten der Republikanischen Partei John McCain durch. Das erste Mal in einer Generation errangen die Demokraten auch eine Mehrheit in der Volksabstimmung.[1] Optimisten schlossen aus diesem Wahlerfolg, dass man sich in einem Amerika befinde, das den Rassismus nun endgültig hinter sich gelassen habe.

In der vorliegenden Hausarbeit soll dargelegt werden, dass aus dem Wahlsieg Barack Obamas nicht auf eine erfolgreiche Überwindung der Diskriminierung von Farbigen in der Politik geschlossen werden kann und das trotz des positiven Ergebnisses der Wahl eine Diskriminierung seitens weißer Wähler gegenüber Barack Obama bestand. Beginnend mit einer kurzen Einführung in die Thematik des Rassismus und seiner Ableger folgt im Anschluss daran ein Überblick über den diesbezüglichen aktuellen Wissenschaftsstand die Wahl 2008 betreffend. Dabei wird auf Wahlstatistiken zurückgegriffen sowie anhand von statistischen Auswertungen und Regressionsanalysen eine Einschätzung gegeben. Im weiteren Verlauf wird anhand aktueller Wahlumfragen eine Prognose für die Präsidentschaftswahl 2012 getroffen. Dem folgt eine abschließende Beurteilung und kritische Stellungnahme.

2. Diskriminierung in der amerikanischen Politik im Allgemeinen

Trotz des Wahlsieges Barack Obamas in der Präsidentschaftswahl der USA 2008 wird das Wahlverhalten und die Wahrnehmung einzelner Kandidaten auch weiterhin durch den Faktor Rasse beeinflusst.[2] Die Art des Rassismus jedoch hat sich im Laufe der Zeit gewandelt. Während bewusste Formen des Rassismus[3] abgenommen haben, bestehen moderne Arten des Rassismus fort[4]. Zu diesen gehören der moderne Rassismus, Rassenressentiments und der so genannte symbolische Rassismus, die ihre Ursache in einer Kombination aus negativen Emotionen und stereotypischem Denken gegenüber Schwarzen haben und zudem jegliche Diskriminierung gegenüber diesen bestreiten.[5] Die Einstellung, Farbige befänden sich

---

[1] Vgl. Segura, Gary M./Valenzuela, Ali A.: Hope, Tropes, and Dopes: Hispanic and White Racial Animus in the 2008 Election, in: Presidential Studies Quarterly, Jg. 40, Nr. 3, 2010, S. 497-514, S. 497.

[2] Vgl. Parks, Gregory S./Hughey, Matthew W.: The Obamas and a (post) racial America?, New York 2011, S. 1.

[3] sogenannter biologischer Rassismus oder „old fashioned racism", der Farbigen gewisse Fähigkeiten wie Intelligenz als angeboren abspricht (Sears, David/Van Laar, Colette/Carrillo, Mary: Is It Really Racism? The Origins of White Americans' Opposition to Race-Targeted Policies, in: Public Opinion Quarterly, Jg. 61, Nr. 1, 1997, S. 16-53, S. 16 und 20).

[4] Vgl. Knuckey, Jonathan: Racial Resentment and Vote Choice in the 2008 U.S. Presidential Election, in: Politics & Policy, Jg. 39, Nr. 4, 2011, S. 559-582, S. 565. Redlawsk, David/Tolbert, Caroline/Franko, William: Voters, Emotions, and Race in 2008: Obama as the First Black President, Jg. 63, Nr. 4, 2010, S. 875-889, S. 876.

[5] Vgl. Redlawsk/Tolbert/Franko, Obama as the First Black President, S. 876.

aufgrund fehlenden Gehorsams, Fleißes und Disziplin auf der sozioökonomischen Leiter ganz unten oder die verbreitete Meinung, dass Farbige nicht in der Position seien, Sonderbehandlungen einzufordern und sich vielmehr ein Beispiel an anderen Minoritäten wie die der Juden oder Italiener nehmen sollten, die sich auch ohne eine bevorzugte Behandlung erfolgreich hochgearbeitet hätten, sind typische Beispiele für dieser Art von Rassismus.[6] Tatsächlich bejahten einer Umfrage aus dem Jahr 2008 zufolge knapp 50% der befragten Weißen die Aussage, dass Weiße härter arbeiten würden als Farbige. Immerhin ca. 22% bejahten auch die Aussage, dass Weiße im Vergleich zu Farbigen intelligenter seien, was verdeutlicht, dass auch biologischer Rassismus weiterhin existiert, wenngleich er deutlich gesunken ist.[7] Obwohl einige weiße Wähler in der Theorie bereit sein mögen, einen schwarzen Kandidaten in ein politisches Amt zu wählen, neigen sie auf Basis ihrer Rasse dazu, negative Stereotypen auf schwarze Kandidaten zu übertragen, was eine Wahl unwahrscheinlicher macht.[8] Die experimentelle Forschung bestätigt zudem, dass sie bei der Bewertung zweier hypothetischer Kandidaten mit den gleichen Eigenschaften den Kandidaten der hellen Hautfarbe ungleich mehr unterstützen.[9] Diese Vermutungen bestätigen diverse Wahlergebnisse. So wurden von 6667 Wahlen des Repräsentantenhauses zwischen 1966 und 1996 in Bezirken mit einer weißen Mehrheit gerade einmal 35 durch Schwarze gewonnen, was 0,52 % entspricht.[10]

---

[6] Vgl. Bobo, Lawrence/Dawson, Michael: A change has come – Race, Politics, and the Path to the Obama Presidency, in: Du Bois Review, Jg. 6, Nr. 1, 2009, S. 1-14, S. 7. Redlawsk/Tolbert/Franko, Obama as the First Black President, S. 876 ff. Kinder, Donald/Sears, David: Prejudice and Politics: Symbolic Racism Versus Racial Threats to the Good Life, in: Journal of Personality & Social Psychology, Jg. 40, Nr. 3, 1981, S. 414-431, S. 416. Feldman, Stanley/Huddy, Leonie: Racial Resentment and White Opposition to Race-Conscious Programs: Principles or Prejudice?, in: American Journal of Political Science, Jg. 49, Nr. 1, 2005, S. 168-183, S. 169 ff.
[7] Vgl. Bobo/Dawson, A change has come, S. 6.
[8] Vgl. Sears, David u.a.: Is it really racism? The origins of white American's opposition to race-targeted policies, in: Public Opinion Quarterly, Jg. 61, Nr. 1, 1997, S. 16-53.
[9] Vgl. Terkildsen, Nayda: When White Voters Evaluate Black Candidates: The Processing Implications of Candidate Skin Color, Prejudice, and Self-Monitoring, in: American Journal of Political Science, Jg. 37, Nr. 4, 1993, S. 1032 – 1053, S. 1040.
[10] Vgl. Canon, David: Race, redistricting, and representation: the unintended consequences of Black majority districts, Chicago 1999, S. 10.

3. Diskriminierung in Präsidentschaftswahlen am Beispiel Barack Obamas

a. Diskriminierung Barack Obamas durch weiße Wähler in der Präsidentschaftswahl 2008

In den 53 % aller Stimmen die bei der Präsidentschaftswahl 2008 auf Barack Obama entfallen sind, sind 43% der Stimmen aller weißen Wähler, 62% aller Asiaten, 67% aller Latinos und 95% aller schwarzen Wähler enthalten.[11]

Dabei ist auffällig, dass schwarze Wähler Barack Obama beinahe geschlossen ihre Stimme gaben. Dagegen hat Barack Obama von weißen Wählern die wenigsten Stimmen erhalten, denn ihr Stimmanteil lag um 10% unter dem durchschnittlichen Wahlergebnis Obamas. In der wissenschaftlichen Literatur wird vermutet, dass der hohe Zuspruch schwarzer Wähler für Obama eher in seiner Rasse denn in seinen politischen Positionen zu sehen ist.[12] Wohingegen bei weißen Wählern unterstellt wird, dass ihr geringer Zuspruch in einer Diskriminierung Obamas aufgrund seiner Hautfarbe zu sehen ist.[13]

Bei einem Vergleich mit dem Ergebnis Kerrys aus der Präsidentschaftswahl 2004[14] fällt in diesem Zusammenhang besonders die Wählergruppe „65 Jahre und älter" auf, von der 2008 6 % weniger als 2004 den demokratischen Präsidentschaftskandidaten wählten. Unter Berücksichtigung des insgesamten Zuspruchs zur Demokratischen Partei ist dies auffällig. Im Folgenden wird darüber hinaus deutlich werden, dass eine nähere Betrachtung der Wähler der Südstaaten lohnenswert ist, auch wenn das Wahlergebnis zunächst nicht darauf hindeutet.

Nachfolgend wird dargelegt, dass in der Präsidentschaftswahl 2008 die niedrigen prozentualen Wahlergebnisse einiger Wählergruppen tatsächlich in Zusammenhang mit einer Diskriminierung Barack Obamas aufgrund seiner Hautfarbe stehen. Dabei wird erst die Wählergruppe der weißen Wähler als Ganzes betrachtet, woraufhin eine nähere Betrachtung und Analyse der Wählergruppen nach Region, Ideologie, Parteizugehörigkeit und Alter folgt. Dazu wird anfangs auf Statistiken und anschließend auf die Ergebnisse von

---

[11] Vgl. Bobo/Dawson, A change has come, S. 4.
[12] Sullivan, Jas M./Johnson, Melanie S.: Race Is On My Mind: Explaining Black Voter's Political Attraction To Barack Obama, in: Race, Gender & Class, Jg. 15, Nr. ¾, 2008, S. 51-64, S. 59 ff.
[13] Vgl. Block, der zu dem Ergebnis kommt, dass sich Farbige zu 40,35 % wohler mit der Hautfarbe Obamas fühlen als Weiße. Block, Ray: Backing Barack because He's Black: Racially Motivated Voting in the 2008 Election, in: Social Science Quarterly, Jg. 92, Nr. 2, 2011, S. 423-446, S. 433.
[14] Siehe Anhang.

sozialpsychologischen Experimenten und Regressionsanalysen der aktuellen Forschung zurückgegriffen.

Zunächst ist das Wahlergebnis in Hinblick auf weiße Wähler und ihren geringen Anteil an Wählerstimmen für Obama nicht überraschend, da demokratische Präsidentschaftskandidaten seit der Wahl 1964 keine Mehrheit bei weißen Wählern holen konnten.[15] So identifizierten sich im Jahr 2000 lediglich 44% der Weißen als Demokraten.[16] Aus diesem Grund muss das Wahlergebnis in Relation zu anderen Wahlergebnissen der Demokraten gesetzt werden, um Auffälligkeiten hervorheben zu können. Zwischen 1984 und 2004 haben sich durchschnittlich 39% aller weißen Wähler in einer Wahl für die Demokraten entschieden. Es fällt somit auf, dass die Präsidentschaftswahl von 2008 über dem durchschnittlichen Wahlzuspruch der weißen Bevölkerung lag.[17] Auch ein Vergleich von 2008 zu der vorangegangenen Präsidentschaftswahl im Jahr 2004 zeigt, dass es bei weißen Wählern zu einer Stimmenzunahme um 3% gekommen ist.[18] Einen höheren Zuspruch weißer Wähler gab es seit 1984 nur in den Jahren 1996 und 2000.[19]

Bei der Präsidentschaftswahl 2008 und dem Antritt Obamas als Präsidentschaftskandidat müssen jedoch mindestens zwei Aspekte berücksichtigt werden. Zum Einen ist fraglich, ob ein direkter Vergleich zwischen der Präsidentschaftswahl 2004 und 2008 sowie den beiden Kandidaten Kerry und Obama sinnvoll ist. Hiergegen sprechen mehrere Fakten. Zum Einen trat John Kerry gegen einen amtierenden Präsidenten an[20]. Zudem befanden sich die USA 2008 bereits in einer prekären wirtschaftlichen Lage, die Beliebtheitswerte George Bushs waren mit die schlechtesten der amerikanischen Geschichte und die Wahlkampfmethoden John McCains wurden teilweise auch unter Republikanern kritisiert.[21] Darüber hinaus ist fraglich, ob trotz einer Steigerung des Zuspruchs der weißen Wähler eine Diskriminierung

---

[15] Vgl. Segura/Valenzuela, Hope, Hispanic and White Racial Animus in the 2008 election, S. 497.
[16] Vgl. Hutchings, Vincent/ Valentino, Nicolas: The Centrality of Race in American Politics, in: Annual Review of Political Science, Jg. 7, Nr. 1, 2004, S. 383-408, S. 387.
[17] Vgl. Ansolabehere, Stephen/Persily, Nathaniel/Stewart, Charles: Race, Religion, and vote choice in the 2008 election: Implications for the future of the voting right act, in: Harvard Law Review, Jg. 123, Nr. 6, 2010, S. 1385-1436, S. 1402.
[18] Vgl. Ebd., S. 1415.
[19] Vgl. Knuckey, Racial Resentment and Vote Choice in the 2008 U.S. Presidential Election, S. 560.
[20] In der Geschichte der USA ist es bisher nur einmal vorgekommen, dass eine Partei 3 Präsidentschaftswahlen hintereinander gewonnen hat, was in der Präsidentschaftswahl 2008 einen Sieg für Obama wahrscheinlicher machte.
[21] Vgl. Segura/Valenzuela, Hope, Hispanic and White Racial Animus in the 2008 election, S. 497. Knuckey, Racial Resentment and Vote Choice in the 2008 U.S. Presidential Election, S. 576 ff. Saad, Lydia: Obama and Bush: A Contrast in Popularity, unter http://www.gallup.com/poll/111838/Obama-Bush-Contrast-Popularity.aspx (Stand: 09.09.2012).

Obamas ausgeschlossen werden kann. So behaupten einige Forscher, der Zuspruch Weißer für Obama hätte deutlich höher ausfallen können.[22] Aus diesem Grund erscheint eine Betrachtung einzelner Gruppen der weißen Wählerschicht nach Gesichtspunkten wie Alter, Wohnort, Ideologie und Parteizugehörigkeit sinnvoll.

Aufgrund eines extrem niedrigen und vom Durchschnitt enorm abweichenden Ergebnisses werden im Folgenden zunächst die Südstaaten näher betrachtet, denn es existieren signifikante Unterschiede zwischen „covered" und „non-covered states". So verzeichnen alle „covered states" einen geringeren Wahlzuspruch Weißer zu Obama als der Durchschnitt. Besonders auffällige Werte liefern in diesem Zusammenhang Alabama, Mississippi sowie Louisiana. So wählten in Alabama lediglich 10% aller Weißen Obama, womit sich die Zahl der Weißen, die einen demokratischen Präsidentschaftskandidaten wählten, seit 2004 nahezu halbierte. Auch in Louisiana sank der Zuspruch Weißer seit 2004 um 10% und zwar auf 14%.[23]

In der Südstaatenregion konzentrieren sich die sogenannten „unhyphenated Americans". Unter diesen versteht man eine neue ethnische Population, deren weiße Anhänger sich hinsichtlich ihrer Nationalität und ethnischen Zugehörigkeit als Amerikaner ansehen, deren Angehörige jedoch ursprünglich aus Europa emigrierten und einer anderen Ethnie angehörten.[24] 65 Prozent aller „unhyphenated Americans" leben in dieser Region.[25] Auffällig ist, dass diese im Gegensatz zu anderen Weißen grundsätzlich keine signifikanten Abweichungen aufweisen was ihre Identifizierung mit Parteien angeht. Zwischen 1975 und 2008 identifizierten sich 34,6 % von ihnen mit der Demokratischen Partei. Dieser Wert weicht lediglich um 0,5% von dem Wert der restlichen weißen Bevölkerung ab, von der sich 34,1% mit der Demokratischen Partei identifiziert.[26] Interessant ist deswegen, dass „unhyphenated Americans" um mehr als 3,4 % weniger bereit waren, einen schwarzer Kandidaten ihrer eigenen Partei zu wählen. Zwar beziehen sich diese Werte auf einen hypothetischen Kandidaten. Jedoch kann aus ihnen geschlossen werden, dass „unhyphenated Americans" aufgrund ihrer Skepsis gegenüber farbigen Kandidaten im Vergleich zum Durchschnittsbürger

---

[22] U.a. Knuckey, Racial Resentment and Vote Choice in the 2008 U.S. Presidential Election, S. 561.

[23] Vgl. Ansolabehere /Persily /Stewart, Race, Religion, and vote choice in the 2008 election, S. 1422.

[24] Vgl.Arbour, Brian und Teigen, Jeremy: „Barack Obamas „American" Problem: Unhyphenated Americans in the 2008 Election", in: Social Science Quarterly, Jg. 92, Nr. 3, 2011, S. 563-587, S. 564.

[25] Vgl. Ebd., S. 569.

[26] Vgl. Ebd., S. 569.

auch Barack Obama gegenüber eine höhere Skepsis aufbringen.[27] Das stellen Arbour und Teigen in einem Modell heraus, aus dem hervorgeht, dass es auch in der Wahl 2008 zu einer negativen Korrelation von „unhyphenated Americans" und einer Wahlentscheidung für Obama kam. In der Präsidentschaftswahl führte ein Anstieg der Konzentration von „unhyphenated Americans" in einem Bezirk um einen Prozentpunkt zu einem Rückgang von 0.33 Prozent in Obamas Wahlzuspruch. Eine solche negative Korrelation konnte auch in der Vorwahl, in der Barack Obama gegen Hillary Clinton antrat, festgestellt werden. Gleiches gilt für den Vergleich mit vorherigen Präsidentschaftskandidaten der Demokraten, was auf eine Diskriminierung Obamas aufgrund seiner Hautfarbe hindeutet.[28]

Abgesehen vom Wohnort der Wähler ist anzunehmen, dass Barack Obama eine Diskriminierung durch ältere Menschen widerfahren ist. So geht Brian Schaffner davon aus, dass die Wahrscheinlichkeit, dass ein Weißer Obama wählt, jeweils mit dem Älterwerden um 10 Jahre um 6 % sinkt.[29] Zu einem ähnlichen Ergebnis kommen auch Redlawsk, Tolbert und Franko, die in ihren Untersuchungen herausfanden, dass 53% aller am Experiment teilnehmenden weißen Personen ab 60 Jahren ein Problem mit der Hautfarbe Obamas haben.[30]

Ebenfalls maßgeblich beeinflusst wurde das Wahlergebnis Barack Obamas laut Schaffner durch Parteizugehörigkeit und Ideologie. So lag die Wahrscheinlich, dass ein überzeugter Demokrat („strong democrat") Obama wählt bei 88%, für Unabhängige („independents") bei 47% und für Republikaner bei gerade einmal 10%. Die Wahrscheinlichkeit, dass Weiße, die sich selbst als sehr liberal einschätzen, ihre Stimme Barack Obama geben, lag bei 96 % und damit 90% höher als bei solchen, die sich als sehr konservativ eingeschätzt haben.[31]

Der Autor Knuckey macht in seiner Untersuchungsreihe darauf aufmerksam, dass die Wahlentscheidung in der Präsidentschaftswahl 2008 maßgeblich durch den Faktor Rassenressentiment beeinflusst wurde, der nach seinen Ergebnissen nach dem Faktor Parteizugehörigkeit der stärkste Wahlprädiktor war. Bei einem Vergleich zweier identischer Wähler, die sich ausschließlich in Hinblick auf das Ausmaß des Rassenressentiments unterscheiden, ist ein Wähler mit einer geringen Rassenfeindseligkeit in einer Höhe von 36

---

[27] Vgl. Ebd., S. 570 ff.
[28] Vgl. Ebd., S. 579 ff.
[29] Vgl. Schaffner, Brian: Racial Salience and the Obama Vote, in: Political Psychology, Jg. 32, Nr. 6, 2011, S. 963-988, S. 976.
[30] Vgl. RedlawskTolbert/Franko, Obama as the First Black President, S. 880.
[31] Vgl. Schaffner, Racial Salience and the Obama Vote, S.976.

Prozentpunkten eher bereit, Obama zu wählen, als ein Wähler mit einer hohen Rassenfeindseligkeit. 59 % aller Weißen haben auf der Skala der Rassenfeindseligkeit einen Wert über 0.6 und etwa ein Drittel weist sogar einen Wert über 0.8 auf, wobei die Wahrscheinlichkeit einer Wahlentscheidung für Obama bereits bei erstem Wert unter 50 Prozent sinkt.[32] Durch eine Regressionsanalyse, die gemäß Abbildung 1 einen Vergleich von Obama u.a. mit John McCain, Joe Biden, Sarah Palin, George W. Bush, Bill Clinton und der Demokratischen Partei beinhaltet, arbeitet Jonathan Knuckey heraus, dass es sich um eine Ablehnung Obamas aufgrund seiner Hautfarbe handelt und nicht aufgrund seiner Parteizugehörigkeit.[33]

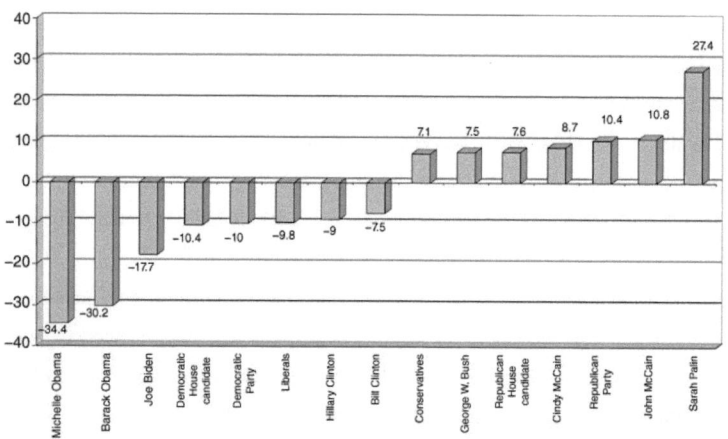

Abbildung 1: Auswirkungen von Rassenressentiments auf die Wahrnehmung politischer Kandidaten und Parteien[34]

Auch der Wissenschaftler Spencer Piston stellt mit einer wissenschaftlichen Untersuchung durch einen Vergleich zwischen Biden, Clinton und Obama sowie den Demokraten allgemein einen Zusammenhang zwischen Vorurteilen und Barack Obamas Hautfarbe fest. So lässt Abbildung 2 erkennen, dass vorurteilsbehaftete weiße Amerikaner nicht weniger als solche ohne Vorurteile bereit waren, hohe Zustimmungswerte für Joseph Biden, Hillary Clinton und die Demokraten allgemein zu vergeben. Daraus folgt, dass Barack Obama aufgrund seiner

---

[32] Vgl. Knuckey, Racial Resentment and Vote Choice in the 2008 U.S. Presidential Election, S. 568 ff.
[33] Vgl. Ebd., S. 573 ff.
[34] Vgl. Ebd., S. 575.

Rasse und nicht aufgrund seiner Parteizugehörigkeit von den Wählern schlecht bewertet wurde.

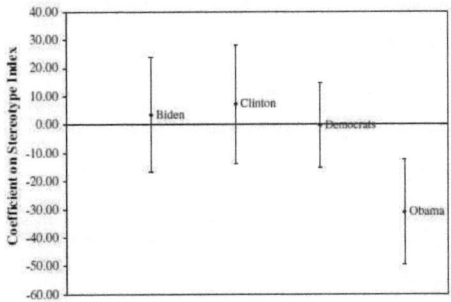

Abbildung 2: Vorurteile gegen Demokraten[35]

Zu dem gleichen Ergebnis kam er gem. Abbildung 3 bei einem Vergleich der Wahlen von 1992 bis 2008, wobei dieser Vergleich im Gegensatz zu dem vorangegangenen Versuch auf Daten beruht, die von den Testpersonen offen gegenüber einem Interviewer geäußert wurden:

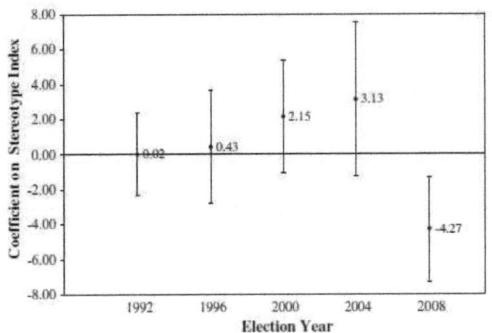

Abbildung 3: Vorurteile aufgeteilt nach Wahljahren.[36]

Die Wissenschaftler Knowles, Lowery und Schaumberg haben versucht Vorurteile gegen Barack Obamas Hautfarbe anhand der Akzeptanz der Gesundheitsreform herauszustellen. Dabei wurde in einer Studie untersucht, wie sich indirekte Vorurteile auf die Akzeptanz der Gesundheitsreform Obamas auswirken. Dazu wurde ein und das gleiche Konzept einer Gesundheitsreform einmal als Konzept von Clinton herausgegeben und einmal als Konzept

---

[35] Vgl. Piston, How Explicit Racial Prejudice Hurt Obama in the 2008 Election, in: Political Behavior, Jg. 32, Nr. 4, 2010, S. 431-451, S. 443.
[36] Vgl. Ebd., S. 440.

von Obama. Während die Akzeptanz für Clintons Gesundheitsreform sowohl bei geringen wie auch umfangreicheren Vorurteilen auf einem konstanten Level von etwa 3,5 von 5 möglichen Punkten lag, sank die positive Meinung über Obamas Gesundheitsreform mit steigendem Ausmaß an Vorurteilen signifikant (siehe hierzu Abbildung 4).[37]

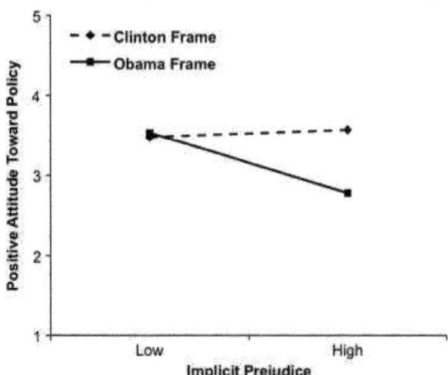

Abbildung 4: Akzeptanz der Gesundheitsreform[38]

b. Diskriminierung in der Präsidentschaftswahl 2012

Nachdem zumindest eine geringfügige Diskriminierung Barack Obamas aufgrund seiner Hautfarbe in der Präsidentschaftswahl 2008 wahrscheinlich ist, ist es von Interesse, ob und in welchem Ausmaß diese auch in der Präsidentschaftswahl 2012 fortbesteht.

Tatsächlich gibt es keine Erfahrungswerte darüber, ob die Anwesenheit Farbiger in politischen Führungsriegen zu einer Verbesserung hinsichtlich der Skepsis gegenüber farbigen Kandidaten führt. Für eine Abmilderung der Diskriminierung könnte jedoch sprechen, dass Barack Obama die Wahl als amtierender Präsident antreten wird. Die Hürde, einen farbigen Kandidaten ins höchste Amt zu wählen, dürfte nach einer Amtszeit deutlich gesunken sein. Während die Bevölkerung in der Präsidentschaftswahl 2008 keinerlei Erfahrungswerte mit farbigen Präsidenten hatte, ist die Situation 2012 eine andere. Eventuelle Befürchtungen und Vorurteile, farbige Kandidaten könnten eine Politik verfolgen, die

---

[37] Vgl. Knowles, Eric/Lowery, Brian/Schaumberg, Rebecca: Racial Prejudice predicts opposition to Obama and his health care reform plan, in: Journal of Experimental Social Psychology, Vol. 46, Nr. 2, 2010, S. 420-423, S. 421 ff. Eine grundsätzlich andere Meinung haben Mas und Moretti, die der Meinung sind, dass Obama zwar durch seine Hautfarbe einige Stimmen an die Republikaner verloren haben könnte, dieser Effekt jedoch insgesamt sehr klein und nicht signifikant sei (Mas, Alexandre/Moretti, Enrico: Racial Bias in the 2008 Presidential Election, in: American Economic Review, Jg. 99, Nr. 2, 2009, S. 323-329).
[38] Vgl. Knowles/Lowery/Schaumberg, Racial Prejudice predicts opposition to Obama and his health care reform plan, S. 422.

Schwarze besser stellt und dabei die Interessen weißer Wähler verletzt, könnten sich nach einer Amtszeit als unnötig herausstellen.[39]

Diese Vermutung erscheint grundsätzlich realistisch. Jedoch wäre es selbst in einem solchen Fall unwahrscheinlich, dass Diskriminierung als solche überhaupt keine Rolle mehr spielt. Dies wurde nicht zuletzt deutlich, als im März diesen Jahres in einem Online Shop Aufkleber mit dem Schriftzug „Don't Re-Nig in 2012" auftauchten, die sich deutlich gegen Obama als Präsidenten und seine Hautfarbe richteten[40]. Selbst die Tatsache betrachtend, dass es sich bei den Unterstützern dieser und ähnlicher Kampagnen um einen verschwindend geringen Teil der Bevölkerung handeln dürfte, wird deutlich, dass Diskriminierung auch weiterhin ein Problem darstellt.

Ein Hinweis auf das Ausmaß der Diskriminierung ergibt sich aus den letzten Zustimmungsraten Obamas in einer Umfrage vom 11. Juni 2012 im Vergleich zu einer Umfrage vom 19. Januar 2009. Die allgemeine Zustimmungsrate ist hierbei um insgesamt 21 % gesunken und liegt mit 46 % auch noch knapp 3 % unter dem Durchschnitt aller Zustimmungswerte zwischen den beiden Vergleichszeitpunkten.

Auffällig ist, dass aufgeteilt nach Rassen die Zustimmungswerte unter weißen Wählern im Vergleich zu farbigen Wählern und Latinos mit 26 % am deutlichsten gesunken sind, obwohl der Spielraum am geringsten war. Während für weiße Wähler am 19. Januar 2009 eine Zustimmungsrate von 63 % dokumentiert wurde, waren es am 11. Juni 2012 nur noch 37 %. Die Zustimmungsrate lag dabei noch einmal knapp 4 Prozent unter der durchschnittlichen Zustimmungsrate von 41,06 %. Zwar weisen die Werte keinen signifikanten Unterschied zu den allgemeinen Zustimmungsraten auf. Parteizughörigkeit, Ideologie und Religion außer Betracht gelassen handelt es sich jedoch um die deutlichste Schwächung der Zustimmungsrate unter allen Kategorien. Eine ebenfalls deutliche Abschwächung der Zustimmungsrate ist bei den Bewohnern der Südstaaten zu beobachten. Hier ist die Zustimmung um 24% auf 40% gesunken. Sowohl weiße Wähler als auch die Südstaaten gehören zu den Wählergruppen, bei denen Diskriminierung gegenüber Barack Obama in der Präsidentschaftswahl 2008 beobachtet oder zumindest vermutet worden ist.

---

[39] Vgl. Hajnal, Zoltan: Changing White Attitudes toward Black Leadership, New York 2007, S. 14 ff.
[40] Vgl. Demby, Gene: "Racist Anti-Obama Sticker Makes Rounds On Facebook", in: Huffington Post, 16.03.2012, S. 1, unter http://www.huffingtonpost.com/2012/03/15/racist-anti-obama-sticker_n_1349423.html (Stand: 15.06.2012).

Die Umfragewerte, welche teilweise extreme Stimmenverluste aufweisen, können einerseits auf eine Diskriminierung hinweisen. Andererseits muss aber beachtet werden, dass selbst unter Gruppierungen wie Frauen und jungen Wählern die Zustimmungsraten Obamas enorm gesunken sind.[41] Diese Tatsache ist nicht unwesentlich, da es sich zumindest bei letzteren um eine Wählergruppe handelt, die hinsichtlich der Diskriminierung Obamas eher als unverdächtig gilt.[42] Außer Acht gelassen werden darf auch nicht die schwierige wirtschaftliche Lage, in der sich die USA zurzeit befinden. Für die Bevölkerung sind seit 2008 kaum Verbesserungen eingetreten, was ein Teil von ihnen Obama anlastet. Auch steht die Gesundheitsreform Barack Obamas gegenwärtig noch unter einem großen Fragezeichen.

Ein Vergleich mit den Zustimmungsraten von Bill Clinton zwischen 1993 und 2000 - getrennt nach Rassen - lässt es jedoch zweifelhaft erscheinen, ob die schlechten Umfragewerte Barack Obamas unter Weißen ausschließlich aus der schlechten wirtschaftlichen Lage resultieren. Clintons Zustimmungsraten unter der weißen Bevölkerung stiegen in der zweiten Hälfte seiner ersten Amtszeit konstant. 1997, im Jahr der Wiederwahl, lagen sie bei 55 % und damit 10% über dem Ergebnis von 1993, dem Jahr seines Amtsantritts. Wie Abbildung 5 entnommen werden kann, sank die Zustimmungsrate selbst zwischen 1999 und 1998 nur um 4%, was unter Berücksichtigung von Clintons Affäre mit Monica Lewinski, die im Jahr 1998 öffentlich wurde, keinen dramatischen Einbruch darstellt (siehe Abbildung 5).[43]

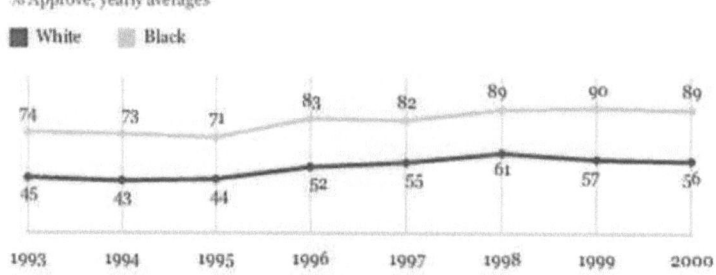

Abbildung 5: Zustimmungsraten Bill Clintons zwischen 1993 und 2000[44]

---

[41] Vgl. Presidential Approval Center, unter: http://www.gallup.com/poll/124922/Presidential-Approval-Center.aspx (Stand: 15.06.2012).
[42] Vgl. Edge, Thomas: Southern Strategy 2.0 – Conservatives, White Voters, and the Election of Barack Obama, in: Journal of Black Studies, Jg. 40, Nr. 3, 2010, S. 426-444, S. 440. Pettigrew, Thomas: Post-Racism? Putting President Obama's Victory in Perspective, in: Du Bois Review, Jg. 6, Nr. 2, 2009, S. 279-292, S. 288.
[43] Vgl. Newport, Frank: Blacks and Whites Continue to Differ Sharply on Obama, unter http://www.gallup.com/poll/141725/blacks-whites-continue-differ-sharply-obama.aspx, (Stand: 09.09.2012).
[44] Vgl. Ebd.

Ausgehend von diesem Vergleich ist es auch in der diesjährigen Präsidentschaftswahl der USA wahrscheinlich, dass Obama Diskriminierung widerfahren wird.

Diese Vermutung wird auch von der Tatsache unterstützt, dass die Zustimmungsrate Weißer bereits zwischen Januar 2009 und Juli 2009 mit 13% erheblich sank. Da sich Barack Obama zu dieser Zeit in den ersten Monaten seiner Amtszeit befand, können die Gründe hierfür eigentlich kaum in seiner Politik liegen. Dafür spricht auch, dass die Zustimmungsrate schwarzer Wähler nahezu stabil blieb.

4. Fazit und kritische Stellungnahme

Die vorliegende Arbeit stellt heraus, dass Barack Obama aufgrund seiner Hautfarbe während der Präsidentschaftswahl 2008 Vorurteilen ausgesetzt war. Diese Vermutung wird schon alleine durch eine nähere Betrachtung der Wahlstatistiken deutlich, die belegt, dass sich der Anteil der Wähler einiger Wählergruppen, die 2008 die Demokraten unterstützten, seit 2004 signifikant sank. Sie stützt sich außerdem auch auf die genannten Untersuchungsreihen, die trotz der Anwendung unterschiedlicher Methoden das Ergebnis liefern, dass einzelne Wählergruppen Barack Obama diskriminiert haben und diese Diskriminierung sich gegen seine Hautfarbe richtete und nicht etwa aufgrund seiner Parteizugehörigkeit bestand. Die Ergebnisse, die das Ausmaß des Rassismus betreffen, weichen dabei jedoch voneinander ab, was verdeutlicht, dass die Methoden sich nicht uneingeschränkt auf die reale Situation übertragen lassen und somit auch keine verlässliche Zahl zum Ausmaß des Rassismus abgeben können. So beziehen sich die Ergebnisse häufig auf Befragungen, in denen die Studienteilnehmer hypothetische Kandidaten bewerten, was die Ergebnisse verzerren kann. Überdies muss die Anzahl der befragten Personen beachtet werden, da die Teilnehmerzahl in den Versuchsreihen etwa zwischen 300 und 1000 Teilnehmern variiert, was ebenfalls einen Einfluss auf das Ergebnis haben kann. Zu einer solchen Beeinflussung kommt es auch, wenn die Befragungen sich auf bestimmte Personengruppen konzentrieren und nicht Personen unterschiedlicher Wohnorte, unterschiedlichen Alters etc. einbeziehen. Bezüglich der Einschätzung für die Wahl 2012 ist zu beachten, dass Vergleiche zwischen Barack Obama und anderen Präsidentschaftskandidaten der Demokratischen Partei oftmals Randfaktoren wie beispielsweise die wirtschaftliche Lage unberücksichtigt lassen, die aber einen entscheidenden Einfluss auf die Umfragewerte haben können. Ungeachtet dessen muss davon ausgegangen werden, dass die Hautfarbe Barack Obama Stimmeinbußen gebracht hat und bringen wird.

5. ANHANG

Wahlstatistik – Vergleich zwischen Obama und Kerry[45]

	Obama 2008	Kerry 2004
	53 %	48,5
Sex		
Men	50 %	44
Women	57 %	52
Race		
Black	99 %	93 %
White (non-Hispanic)	44 %	43 %
Education		
High school	47 %	-
College	55 %	44 %
Grade school	67 %	-
High school or less	51 %	54 %
Region		
East	57 %	58 %
Midwest	53 %	48 %
South	50 %	43 %
West	55 %	48 %
Age		
18 to 29 years old	61 %	60 %
30 to 49 years old	53 %	43 %
50 to 64 years old	54 %	47 %
65 years and older	46 %	52 %
50 years and older	51 %	-
Politics		
Republicans	7 %	5 %
Democrats	93 %	93 %
Independents	51 %	52 %
Conservatives	23 %	20 %
Moderates	63 %	63 %
Liberals	94 %	88 %

---

[45] http://www. allup.co /poll/1121 2/Election-Polls-Vote-Groups-200 .aspx (Stand: 2 .09.2012)
http://www. allup.co /poll/1 957/How-A ericans-Voted.aspx (2 .09.2012)

13

6. LITERATURVERZEICHNIS

ABRAJANO, MARISA/BURNETT, CRAIG M.: Polls and Elections: Do Blacks and Whites See Obama through Race-Tinted Glasses? A Comparison of Obama's and Clinton's Approval Ratings, in: Presidential Studies Quarterly, Jg. 42, Nr. 2, 2012, S. 363-375.

ANSOLABEHERE, STEPHEN/PERSILY, NATHANIEL/STEWART, CHARLES: Race, Region, and Vote Choice in the 2008 Election: Implications for the Future of the Voting Rights Act, in: Harvard Law Review, Jg. 123, Nr. 6, 2010, S. 1386-1436.

ARBOUR, BRIAN K./TEIGEN, JEREMY M.: Barack Obama's „American" Problem: Unhyphenated Americans in the 2008 Election, in: Social Science Quarterly, Jg. 92, Nr. 3, 2011, S. 563-587.

BLOCK, RAY: Backing Barack Because He's Black: Racially Motivated Voting in the 2008 Election, in: Social Science Quarterly, Jg. 92, Nr. 2, 2011, S. 423-446.

BOBO, LAWRENCE D./DAWSON, MICHAEL C.: A change has come: Race, Politics, and the Path to the Obama Presidency, in: Du Bois Review, Jg. 6 , Nr. 1, 2009, S.1-14.

CANON, DAVID T.: Race, redistricting, and representation: the unintended consequences of Black majority districts. Chicago 1999.

DEMBY, GENE: "Racist Anti-Obama Sticker Makes Rounds On Facebook", in: Huffington Post, 16.03.2012, S. 1, unter: http://www.huffingtonpost.com/2012/03/15/racist-anti-obama-sticker_n_1349423.html (Stand: 15.06.2012).

EDGE, THOMAS: Southern Strategy 2.0 – Conservatives, White Voters, and the Election of Barack Obama, in: Journal of Black Studies, Jg. 40, Nr. 3, 2010, S. 426-444.

FELDMAN, STANLEY/HUDDY, LEONIE: Racial Resentment and White Opposition to Race-Conscious Programs: Principles or Prejudice?, in: American Journal of Political Science, Jg. 49, Nr. 1, 2005, S. 168-183.

14

GREENWALD, ANTHONY G./SMITH, COLIN TUCKER/ SRIRAM, N./BAR-ANAN, YOAV/NOSEK, BRIAN A.: Implicit Race Attitudes Predicted Vote in the 2008 U.S. Presidential Election, in: Analyses of Social Issues & Public Policy, Jg. 9, Nr. 1, 2009, S. 241-253.

HAJNAL, ZOLTAN L.: Changing White Attitudes toward Black Political Leadership. Cambridge 2007.

HUTCHINGS, VINCENT/VALENTINO, NICOLAS: The Centrality of Race in American Politics, in: Annual Review of Political Science, Jg. 7, Nr. 1, 2004, S. 383-408.

KINDER, DONALD/SEARS, DAVID: Prejudice and Politics: Symbolic Racism Versus Racial Threats to the Good Life, in: Journal of Personality & Social Psychology, Jg. 40, Nr. 3, 1981, S. 414-431.

KNOWLES, ERIC D./LOWERY, BRIAN S./SCHAUMBERG, REBECCA L.: Racial prejudice predicts opposition to Obama and his health care reform plan, in: Journal of Experimental Social Psychology, Jg. 46, Nr. 2, 2010, S. 420-423.

KNUCKEY, JONATHAN: Racial Resentment and Vote Choice in the 2008 U.S. Presidential Election, in: Politics & Policy, Jg. 39, Nr. 4, 2011, S. 559-582.

MAS, ALEXANDRE/MORETTI, ENRICO: Racial Bias in the 2008 Presidential Election, in: American Economic Review, Jg. 99, Nr. 2, 2009, S. 323-329.

NEWPORT, FRANK: Blacks and Whites Continue to Differ Sharply on Obama, unter http://www.gallup.com/poll/141725/blacks-whites-continue-differ-sharply-obama.aspx, (Stand: 09.09.2012).

PARKS, GREGORY S./HUGHEY, MATTHEW W.: The role of Race in American Politics: Lessons learned from the 2008 Presidential Election. New York, 2011.

PAYNE, KEITH/KROSNICK, JON/PASEK, JOSH/LELKES, YPHTACH/AKHTAR, OMAIR/TOMPSON, TREVOR: Implicit and explicit prejudice in the 2008 American presidential election, in: Journal of Experimental Social Psychology, Jg. 46 ,Nr. 2, 2010, S. 367-374.

PETTIGREW, THOMAS: Post-Racism? Putting President Obama's Victory in Perspective, in: Du Bois Review, Jg. 6, Nr. 2, 2009, S. 279-292.

PISTON, SPENCER: How Explicit Racial Prejudice Hurt Obama in the 2008 Election, in: Political Behavior, Jg. 32, Nr. 4, 2010, S. 431-451.

REDLAWSK, DAVID P./TOLBERT, CAROLINE J./FRANKO, WILLIAM: Voters, Emotions, and Race in 2008: Obama as the First Black President, in: Political Research Quarterly, Jg. 63, Nr. 4, 2010, S. 875-889.

SAAD, LYDIA: Obama and Bush: A Contrast in Popularity, unter http://www.gallup.com/poll/111838/Obama-Bush-Contrast-Popularity.aspx (Stand: 09.09.2012).

SCHAFFNER, BRIAN F.: Racial Salience and the Obama Vote, in: Political Psychology, Jg. 32, Nr. 6, 2011, S. 963-988.

SEARS, DAVID/VAN LAAR, COLETTE/CARRILLO, MARY: Is it Really Racism? The Origins of White Americans' Opposition to Race-Targeted Policies, in: Public Opinion Quarterly, Jg. 61, Nr. 1, 1997, S. 16-53.

SEGURA, GARY M./VALENZUELA, ALI A.: Hope, tropes, and Dopes: Hispanic and White Racial Animus in the 2008 Election, in: Presidential Studies Quarterly, Jg. 40, Nr. 3, 2010, S. 497-514.

SULLIVAN, JAS M./JOHNSON, MELANIE S.: Race Is On My Mind: Explaining Black Voter's Political Attraction To Barack Obama, in: Race, Gender & Class, Jg. 15, Nr. 3/4, 2008, S. 51-64.

TERKILDSEN, NAYDA: When White Voters Evaluate Black Candidates: The Processing Implications of Candidate Skin Color, Prejudice, and Self-Monitoring, in: American Journal of Political Science, Jg. 37, Nr. 4, 1993, S. 1032-1053.

Sonstige Quellen der Internetseite Gallup:

- http://www.gallup.com/poll/112132/Election-Polls-Vote-Groups-2008.aspx (Stand: 23.09.2012)
- http://www.gallup.com/poll/13957/How-Americans-Voted.aspx (Stand: 23.09.2012)
- http://www.gallup.com/poll/124922/Presidential-Approval-Center.aspx (Stand: 15.06.2012)